Dieses Buch gehört:

....

Disney

Mickys Weihnachts-Erinnerungen

Nelson

Heute ist der erste Tag im Dezember. Draußen fällt sanft der Schnee und im Kamin knistert das Feuer. Micky und Minnie schmunzeln, als sie gemeinsam in ihren Fotoalben blättern.

„Schau mal, wie viele schöne Weihnachtserinnerungen wir haben!", sagt Minnie fröhlich, während sie ein Foto nach dem anderen betrachtet. „Micky, was fällt dir zuerst ein, wenn du an Weihnachten denkst?" Micky denkt einen Moment lang nach und antwortet dann mit einem breiten Lächeln: „Da gibt es nicht nur eine Sache! Zunächst einmal liebe ich es, Weihnachtserinnerungen zu sammeln!"

„Ich liebe es, mit meinen Freunden den perfekten Weihnachtsbaum auszusuchen."

„Und ich liebe es, gemeinsam den Baum zu schmücken und die Weihnachtsdekoration wieder hervorzuholen, die schon ein ganzes Jahr auf uns gewartet hat. Es ist so, als würden wir anfangen, die Magie von Weihnachten einzuschalten ...

„Aber wir müssen sicherstellen, dass die
ganzen Zuckerstangen an ihrem Platz bleiben!"

„Einen Weihnachtskranz gemeinsam zu basteln ist immer ein tolles Projekt!
Es macht Spaß, dabei verschiedene kreative Dinge auszuprobieren!"

„Es gibt nichts Schöneres,
als bei sich zu Hause alles mit
Weihnachtsstimmung zu erfüllen.
Natürlich am besten zusammen
mit den liebsten Freunden!"

„Ich liebe es auch, die Strümpfe über den Kamin zu hängen. Dabei stelle ich mir immer die kleinen Geschenke vor, mit denen sie später gefüllt sein werden!"

„Denjenigen, den man liebt, unter dem Mistelzweig zu küssen,
ist ein magischer und ganz besonderer Moment!"

„Es ist wunderbar, sich vom Anblick der Weihnachtsbeleuchtung verzaubern zu lassen."

„Weihnachtslieder mit Freunden zu singen macht immer so viel Spaß!
Ich bin erstaunt, wie gut jeder singen kann."

„Ich mag es sehr, wenn wir lustige Schneemänner bauen. Aber es gibt nichts Aufregenderes als eine ordentliche Schneeballschlacht!"

„Mit dem Schlitten einen verschneiten Berg hinunterzufahren ist aufregend!

Aber ich liebe auch Schlittschuhlaufen ... selbst wenn die eigentliche Herausforderung darin besteht, stehenzubleiben und nicht umzufallen!"

„Ich gehe gerne in der Stadt spazieren und schaue in die Schaufenster. Wäre es nicht toll, zu Weihnachten das zu bekommen, was man sich das ganze Jahr über gewünscht hat?"

„Es ist immer ein schönes Gefühl, die richtigen Geschenke für die Menschen zu besorgen, die man liebt. Besonders, wenn man sich dann die Gesichter der Beschenkten vorstellt, wenn sie sie auspacken!"

„Aber es macht auch Spaß, ganz unerwartete Geschenke zu machen, um Freunde zu überraschen ...

Oder auch Geschenke
auf eine lustige Art und
Weise zu verpacken!"

„Weihnachtskarten sind gut geeignet, um unsere Herzen zu öffnen und etwas Besonderes für die Menschen zu schreiben, die wir lieben!"

„Und was gibt es Schöneres, als eine heiße Schokolade vor dem Kamin nach einem langen Spaziergang in der Kälte?"

„Ich liebe es, das Weihnachtsessen vorzubereiten!

Und es macht wirklich Spaß, Zimt- und
Butterplätzchen zu verzieren.
Der Zuckerguss ist dabei das Beste!"

„Aber das Schönste an Weihnachten ist, dass ich es mit all denen
verbringen kann, die ich liebe!"

ENDE